Kakao

MARGOT FISCHER

MIT ILLUSTRATIONEN VON
LINDA WOLFSGRUBER

mandelbaums *kleine gourmandisen*
Nº 20

Alle gesundheitsbezogenen Angaben in diesem Buch sind von der Autorin sorgfältig geprüft. Dennoch wird eine Haftung ausgeschlossen und bei Erkrankungen die Konsultation medizinischer Fachleute empfohlen.

Herzlichen Dank an Herrn Hessel von WIMAD e.V. für die Informationen zur Firma Jordan & Timaeus. Vielen Dank an Petra Schaper Rinkel für die Informationen zu den Agroforstsystemen und El Ceibo.

www.mandelbaum.at
ISBN 978-3-85476-573-8

1. Auflage 2018
Lektorat: Inge Fasan
Satz und Umschlaggestaltung: Michael Baiculescu
Illustrationen: Linda Wolfsgruber
Druck: Donau Forum Druck, Wien

ES WAREN NICHT DIE SCHWEIZER

Als ausgewiesener Glücksspender ist Kakao buchstäblich in aller Munde, als tröstliches Heißgetränk, stressabbauendes Stückchen von einer Schokoladetafel, dekorative Praline oder Zutat zu raffinierten pikanten Gerichten. Beim Anblick der langen Supermarktregale, vollgeräumt mit großteils billiger Massenware, ist es kaum vorstellbar, welch hoher Stellenwert dem Kakao ursprünglich beigemessen wurde.

Kakao galt als *Speise der Götter* und war der herrschenden Klasse vorbehalten, die Kakaobohnen als Tribut einforderte. Die Oberschicht genoss die anregenden und gesundheitsfördernden Samen vorwiegend in Form von *chokola:tl*, ein stark gewürztes Getränk, das für heutige Gaumen gewöhnungsbedürftig ist. Entgegen der landläufigen Meinung war *chokola:tl* allerdings nicht bitter. Archäologische Funde zeigen, dass bei der Zubereitung Honig verwendet wurde.

Ebenfalls aufklärungsbedürftig ist Folgendes: Die erste Tafelschokolade wurde nicht von einer englischen Firma auf den Markt gebracht und die Milchschokolade wurde nicht in der Schweiz erfunden. Allerdings fand die erste Kreation aus Dresden – mit Eselsmilch – augenscheinlich zu wenig Anklang, um sich auf dem Weltmarkt durchsetzen zu können; sie geriet bald in Vergessenheit.

Apropos Geschmack: In der Vorlesung *Technologie der Süßwaren* erfuhr ich, warum Schokolade aus den Vereinigten Staaten ein wesentlich strengeres Aroma aufweist als Produkte anderer Länder. Die für die Herstellung verwendete Milch war ursprünglich nicht besonders frisch. Als bessere Kühlmöglichkeiten entwickelt wurden und die Milch daher nicht mehr angesäuert war, veränderte sich entsprechend der Geschmack der Schokolade.

Doch die Konsumenten beschwerten sich. Also setzten die Hersteller einfach Buttersäure zu. Diese Ingredienz wird allerdings auf der offiziellen Website der größten Firma verschwiegen.

Es gibt noch viel zu erzählen über diese faszinierende Welt, in die ich Sie nun entführen möchte.

SPEISE DER GÖTTER

Der botanische Name *Theobroma*, Speise der Götter, ist gut gewählt und wohl nicht nur auf Carl von Linnés Leidenschaft für Kakao zurückzuführen. Kakao war den Indigenen heilig und ist in ihren Schöpfungsmythen stark präsent. Aus dem krokodilförmigen Weltenbaum der Maya sprießen Kakaofrüchte. Da Kakao bevorzugt in geschützten Lagen wächst, besonders in Dolinen, liegt die Verbindung mit der Unterwelt nahe. Entsprungen aus dem Körper des Maisgottes, dem Symbol des Lebenszyklus, war er mit dem Herrscher der Unterwelt (Gott L) assoziiert, der in prächtiger Kleidung, mit einer Zigarre sowie Attributen der Kaufleute dargestellt wird. Wirtschaftliche und politische Implikationen spiegeln sich ebenso in der Gestalt von Ek Chuah (Schwarzer Skorpion) in Yucatán: Der Schutzgott der Kakaobauern ist gleichzeitig Patron der Kaufleute und des Wohlstandes, aber auch Kriegsgott. Diese Verquickung ist ein Abbild der Realität: Kriegerische Auseinandersetzungen um die Anbaugebiete prägten das 10. Jahrhundert, als die Tolteken Teile des Mayareiches übernahmen. Im 14. Jahrhundert waren es die Azteken, die sich die besten Regionen sicherten und ihre Soldaten mit Kakao besoldeten. Die Kämpfe sollten sich über Jahrhunderte und Kontinente hinweg zwischen den späteren Kolonialmächten fortsetzen.

In der Adaptierung der Legenden der Maya an die christliche Religion ist Kakao ebenfalls göttlichen Ursprungs mit wirtschaftlichen Konnotationen. So segnet

Jesus einen Baum, in dem er sich vor Verfolgern versteckt hatte, damit dieser Kakaofrüchte trage, die unter anderem als Zahlungsmittel dienen sollten. Noch auf dem Kreuz dreht Jesus sich um und lässt aus seinem Rücken die wichtigsten Nahrungspflanzen entspringen, darunter auch Kakaofrüchte.

Das Wort *kakaw(a)* entstand im Kernland der Olmeken. Ab etwa 200 v. u. Z. verbreitete es sich in die meisten mesoamerikanischen Sprachen infolge der zunehmenden Bedeutung von Kakao im Zusammenhang mit Ritualen ebenso wie im steigenden ökonomischen Stellenwert als Tribut und Währung.

Das älteste nachweisbare Kakaogetränk wurde bereits vor 1100 v. u. Z. hergestellt, und zwar – wie die erhalten gebliebenen Gefäße vermuten lassen – aus vergorenem Fruchtfleisch. Die Kakaobohnen, Basis für das spätere Getränk der Eliten Mittelamerikas und danach Europas, werden von einigen Forschern als Nebenprodukt der Alkoholherstellung betrachtet. Kakao war Opfergabe, Bestandteil spiritueller Zeremonien und wertvolle Grabbeigabe. Eng war die symbolische Verbindung von Herrschaft, Ahnen, Nachwelt und Blut mit dem »braunen Gold«, das mitunter durch aromatische Annattosamen (Achiote) blutrot gefärbt wurde. Nicht nur bei den Maya (ca. 3.000 v. – 900 n. u. Z.) trank man daher bei Übergangsritualen wie Hochzeiten und Begräbnissen ein feierlich zubereitetes Getränk aus einer Mischung der Bohnen oder der Kakaobutter mit Mais, das durch Umschütten von einem Gefäß in ein anderes aus großer Höhe aufgeschäumt war. Die Azteken übernahmen diese Methode.

Wer – nicht nur im übertragenen Sinne – ein armer Schlucker war, bekam Kakao bestenfalls dann zu kosten, wenn er als rituelles Opfer auserkoren war: Sein letzter Trank war eine Mischung aus Kakao mit Menschenblut vom Messer einer Opferzeremonie.

ALS DAS GELD NOCH AUF DEN BÄUMEN WUCHS

Kakaobohnen dienten den Maya und Azteken als Zahlungsmittel. Der Tauschwert der Bohne war regional und periodisch höchst unterschiedlich. In der aztekischen Stadt Tlaxcala soll man im Jahr 1545 für eine Kakaobohne 20 kleine Tomaten bekommen haben; 30 Bohnen waren für ein kleines Kaninchen zu zahlen und 200 Bohnen für einen Truthahn. Auch die Arbeitsleistung wurde in Kakaobohnen abgegolten; so soll ein Träger im Jahr 1532 für seine Tätigkeit 100 Kakaobohnen pro Tag erhalten haben. Dagegen soll in der Provinz Nicaragua ein Kaninchen 10 Kakaobohnen gekostet haben, eine Prostituierte verlangte etwa 8 bis 10 Kakaobohnen, ein Sklave war durchschnittlich für 100 Kakaobohnen zu bekommen.

Auf jeden Fall mussten diejenigen, die ihre Kakaobohnen als Getränk nutzen wollten, die Bohnen entsprechend im Überfluss besitzen, denn die Rezepte der Zeit sahen für einen halben Liter *chokola:tl* zwischen 30 und 100 Bohnen vor. Nur der Adel, hohe Krieger und wohlhabende Händler durften Kakao konsumieren. Ihn ohne Genehmigung zu trinken, konnte laut dem Chronisten Bernardino de Sahagún (1499–1590) mit dem Tode bestraft werden.

Wertvoll wie der Kakao war, lag es nahe, dass die Maya bereits Anbausysteme zur Erhöhung des Ertrages etablierten. Sie bildeten dafür den natürlichen Lebensraum des Kakaobaumes nach, eine Idee, die heute als Agroforstsystem wieder aufgegriffen wird. Durch Anlegen von

Bewässerungssystemen und Veredeln der Bäume versuchten sie, die Pflanze auch in Gegenden zu kultivieren, die dafür klimatisch eher ungeeignet sind.

Im Zuge der Kolonialisierung gingen die Spanier sogar dazu über, Kakao in eigenen Plantagen nicht nur für den Export, sondern auch zur direkten Kapitalbeschaffung für den Handel mit den Indigenen anzubauen.

Als Währung hielt sich Kakao bemerkenswert lange: Noch im Jahr 1843 erwähnt John Lloyd Stephens in seinem Reisebericht Kakaobohnen als Zahlungsmittel auf den Märkten von Yucatán.

EUROPA ENTDECKT DEN KAKAO

Christoph Kolumbus (um 1451–1506) gilt als erster Europäer, der die Kakaobohne wahrnimmt. Im Zuge seiner vierten Amerikareise begegnete er 1502 einem Handelsschiff der Maya, auf dem ihm neben bunten Baumwollstoffen und Waffen aus Kupfer auch eine Art Mandeln auffielen – bei diesen »Mandeln« handelte es sich um Kakaobohnen. Eine der ersten Beobachtungen, die der spanische Feldherr Hernán Cortés (1485–1547) bei seinem Eintreffen in Mittelamerika machte, war der routinemäßige Gebrauch von Kakao, besonders durch die Hohepriester. Berichten der spanischen Invasoren zufolge waren die Indigenen ganz verrückt nach Kakao. Archäologische Funde bestätigen diesen Eindruck: 17 % der Keramiken aus dieser Epoche weisen Kakaoreste auf.

Als bekanntesten *Chocoholic* der Frühzeit könnte man den Aztekenherrscher Moctezuma II. (1466–1520) bezeichnen: Er trank täglich 60 Portionen *chokola:tl*, auch stets vor seinen Besuchen bei seinen zahlreichen Frauen. Aus dem Namen seines Kraftspenders – zusammengesetzt aus *chokol*, einer Vokabel der Nawa mit noch ungeklärter Bedeutung (»heiß« als häufig kolportierte Übersetzung ist widerlegt), und *atl*, Wasser – entstand die Bezeichnung Schokolade. Zahlreiche Zubereitungsmethoden sind überliefert, die sich unter anderem am gewünschten Effekt orientieren, etwa als Erfrischung oder Stärkungsmittel. Das Getränk aus den fermentierten und gerösteten Bohnen konnte heiß oder kalt sein, mit oder ohne Mais zubereitet werden, war häufig mit Honig gesüßt und mit Chili, Vanille oder Blüten aromatisiert. Zur deutlichen Verlängerung der Haltbarkeit und Vereinfachung von Lagerung und Transport presste man die Bohnen zu Blöcken. Der Saft aus dem Fruchtfleisch wird frisch gepresst als fruchtig-süßer *suco de cacao* oder vergoren als *chica* noch heute genossen.

Erste Kostproben des Getränkes erhielten die Spanier im Zuge von Begrüßungszeremonien als Zeichen der Gastfreundschaft. Der ungewohnte Geschmack und der unansehnliche Schaum stießen bei den Gästen zunächst auf wenig Begeisterung. Allerdings registrierten sie bereits die anregenden und durstlöschenden Eigenschaften. Nach und nach fanden die Spanier jedoch Gefallen am Kakao, nicht zuletzt aufgrund eines eklatanten Mangels an spanischen Frauen sowie der expliziten Strategie der Besitznahme und Eroberung durch Heirat. In den Haushalten lebten Indigene als Ehefrauen, Konkubinen und Dienstboten. Ihre Zubereitungen nach traditionellen Rezepten veränderten mit der Zeit die Geschmacksvorlieben ihrer Herren. Da Händler und Geistliche in ihren Häusern häufig Besucher aus Europa empfingen und selbst wiederholt den Atlantik überquerten, gelangten Informationen über die große wirtschaftliche, rituelle, soziale und medizinische Bedeutung des Kakaos an die Höfe und in die Klöster Europas. Nicht selten landete dort auch Kakao bei einflussreichen Personen als »Geschenk«, das dem Überbringer Vorteile sichern sollte.

KAKAO EROBERT NEUE KONTINENTE

In Amerika waren die Spanier mit einem speziellen Problem konfrontiert: Sie trafen auf Gemeinschaften, die so gut wie nichts produzierten, was in Europa einen lukrativen Absatzmarkt besessen hätte, wie etwa die asiatischen Luxusprodukte (z.B. Pfeffer). Die unterschiedlich strukturierten indigenen Gesellschaften kannten überdies keine Geldwirtschaft auf Edelmetallbasis und konnten folglich von den Spaniern nichts kaufen. Mit Handel allein ließen sich daher keine stabilen Wirtschaftsbeziehungen zwischen der Alten und der Neuen Welt aufbauen.

Die Spanier waren gezwungen, für den Export selbst zu produzieren. Die entstehende Plantagenwirtschaft ebenso wie der Bergbau erforderten eine große Menge an Arbeitskräften. Die indigene Bevölkerung erwies sich als wenig belastbar und fiel zudem zahlreichen aus Europa eingeschleppten Krankheiten zum Opfer. Diese Gegebenheiten führten zur Ausbildung eines interkontinentalen Handelskreislaufs in Form des sogenannten Dreieckshandels. In ihm wurden afrikanische Sklaven gegen Fertigprodukte aus Europa oder Asien eingekauft, diese wiederum gegen Agrarprodukte oder Edelmetall aus Amerika gehandelt. Der Kakao spielte in diesem atlantischen Dreieckshandel erst spät eine Rolle, sehr wohl jedoch im lateinamerikanischen Binnenhandel.

Die indigene Bevölkerung war durchaus interessiert, ihre überschüssigen Agrarprodukte einzutauschen. Die Bauern bekamen von den spanischen Herren ihre Waren in Kakaobohnen bezahlt. Allerdings übervorteilten die spanischen Händler die Indios, zum Beispiel indem sie für die Kakaobohne willkürliche Wechselkurse bei der Umwandlung in Geldwerte festsetzten und gleichzeitig die Währung auf eigenen Plantagen immer billiger von den Bäumen pflücken ließen.

Von den Regenwäldern des Amazonas ausgehend wächst die Pflanze zwar heute auf drei Kontinenten: in Amerika, Afrika und Asien; ihr Anbau ist allerdings wegen der speziellen Bedürfnisse der Pflanze auf die Nähe zum Äquator beschränkt. Die massive Dezimierung der indigenen Bevölkerung und der Anspruch der Spanier auf intensive Produktion erforderten die Ausweitung und Verlegung der Anbaugebiete. Die Spanier brachten daher den Kakaobaum und die Kakaokultur von Mittelamerika zuerst nach Trinidad, später auf andere westindische Inseln, pflanzten 1580 Kakao auf der indonesischen Insel Sulawesi und schon 1670 auf den Philippinen. Dennoch blieb die Kakaobohne selten und kostbar, die gesamte Jahresproduktion wird auf max. 1.350 Tonnen geschätzt.

Als die Begehrlichkeit nach Kakao wuchs, bekam das spanische Monopol auf Kakaopflanzen Konkurrenz. Andere Kolonialmächte – Holland, England und Portugal – begannen, den Kakao in ihre Herrschaftsgebiete zu verpflanzen. Sri Lanka, Java und die Inseln vor der afrikanischen Westküste wurden zu neuen Anbaugebieten, schließlich auch Westafrika.

KAKAO WIRD GESELLSCHAFTSFÄHIG

Wie der Franziskaner und Ethnologe Bernardino de Sahagún 1590 berichtet, fand Trinkschokolade mit Honig und Blüten zunächst bei den Kreolen, später auch unter den Spaniern in der Alten Welt den meisten Anklang. Auch Vanille war ausgesprochen beliebt, wie 1632 ein Gesetz zur Besteuerung des Kakaokonsums vermerkt. Zimt diente häufig als leichter verfügbare Alternative zu Chili und Blüten. In dieser Form trat Kakao über katholische Netzwerke und den Adel seinen Siegeszug in Europa an. Allerdings hatte auch dieser einen bitteren Beigeschmack. War die übliche Richtung des Kulturtransfers von den »Zivilisierten« zu den »Wilden« durch den Kakaogenuss bereits umgekehrt worden, so machte sich in religiösen Kreisen zunehmende Irritation breit über die Tatsache, dass nicht nur die Indigenen sich der Magie bedienten, sondern auch zahlreiche Kolonisten, die sich vom christlichen Glauben abwandten. Inquisitionsprotokolle des 17. Jahrhunderts aus Neuspanien und Guatemala registrieren zahlreiche Fälle, in denen Kakao eine zentrale Ingredienz von magischen Arzneien, Liebestränken und Verzauberungsmitteln ist. Vom Stigma des »kolonialen Aberglaubens« versuchte man den Kakao zu reinigen, indem man ihn in das System der europäischen Medizin einordnete. Die Sorge, Kakao könnte ein Vektor für die Verbreitung der indigenen Kultur sein, blieb allerdings bestehen. Die zwiespältige Haltung der spanischen Gesellschaft spiegelt Bartholomé Marradóns *Diálogo del uso de tobacco yde chocolate y otras bebidas* aus dem Jahr 1618. Darin lässt er einen – vermutlich spanischen – Arzt, einen Indigenen und einen Bürger diskutieren. Der Indigene erzählt von einem Priester, der erschöpft die Messe unterbrechen musste, um Kakao zu trinken. Ein Priester, der während (!) des zentralen Ritus des Katholizismus auf Kakao angewiesen ist, zeigt die Anfälligkeit der spanischen »Zivilisatoren« für eine kulturelle Metamorphose und der Christen für eine Internalisierung von Aberglauben.

Trotz der Vorbehalte der Kirche und der ablehnenden Haltung einiger Florentiner Ärzte war Kakao am Hof der Medici und in adeligen Kreisen ausgesprochen beliebt. Obwohl der Leibarzt der Großherzöge 1685 in seiner humoristischen Ode an den toskanischen Wein, *Bacco in Toscana*, meint, Trinkschokolade sei für ihn keine Medizin, entwickelte er sogar eine Zubereitung mit Jasmin, deren Rezept bis 1712 als Staatsgeheimnis gehütet wurde. In seiner Publikation *Chocolate or an Indian Drinke* lobt 1652 James Wadsworth nicht nur die medizinischen und schönheitserhaltenden Eigenschaften von Kakao. Er hält auch fest, Kakao sei in einem Weinhaus in Holborne zu moderaten Preisen erhältlich. Es handelt sich hier um eine der ersten Erwähnungen, dass Kakao bereits in London angeboten wird. Auch in weiten Teilen Frankreichs war Kakao Mitte des 17. Jahrhunderts bereits als schmackhafte Medizin bei Wohlhabenden beliebt. Seine Erfahrungen nutzte ein französischer Unternehmer, der zu Beginn des 18. Jahrhunderts sein erstes Kakaohaus in London eröffnete, dem bald zahlreiche Filialen in ganz England folgten. Kakao ebnete den Weg für andere bittere Stimulanzien wie Kaffee und Tee und steigerte die Nachfrage nach Zucker.

Am Vorabend der Französischen Revolution ist die gesüßte Morgenschokolade das Modegetränk derer, die den Tag geruhsam plaudernd im Bett beginnen. Es bildet damit den Gegenpol zum bitteren Kaffee des aufstrebenden Bürgertums, das sich bereits am frühen Morgen auf den Weg zur Arbeit macht. Im Jahr der Französischen Revolution schreibt Mozart 1789 die Musik zu seiner Oper *Così fan tutte*, einer Sozialsatire, in der die Kammerzofe Despina die Schokolade für das Frühstück ihrer adeligen Dienstherrinnen nicht mehr länger lediglich zubereiten mag:

Ich genieße von ihrer Schokolade nur die Düfte.
Ist mein Mund denn nicht ebenso wie Eurer?
O ja, gnädige Damen,
Für Euch sind die Getränke, für mich die Düfte.
Doch nun will ich sie kosten. – Sie probiert –
Schmeckt das herrlich!

Es dauert noch einige Jahrzehnte, bis das Genussmittel der Aristokratie und Bohème für weite Bevölkerungskreise erschwinglich wird.

DIE INDUSTRIELLE REVOLUTION DER KAKAOVERARBEITUNG

Die Geschichte des Kakaos von der elitären Trinkschokolade zur billigen Schokoladetafel verläuft über den Prozess der Industrialisierung. Bis ins 16. Jahrhundert war die Herstellung von Süßwaren ein Privileg der Apotheker, die bittere Arzneien mit Honig oder Zucker versetzten. Nach und nach wurde dieses Sonderrecht aufgeweicht und es entwickelte sich das Gewerbe der Zuckerbäcker. Ein eigenes kakaoverarbeitendes Zunftwesen etablierte sich in Europa im 18. Jahrhundert. In Wien etwa erhalten die Schokolademacher im Jahre 1725 eine eigene Handwerksordnung, die vorschreibt, dass ein rechtmäßiger Schokolademacher in die Lehre zu gehen hat, einen Geburtsbrief vorweisen soll und 20 Gulden Meistergebühr entrichten muss. Das Schokolademachen als Handwerk gerät allerdings bald durch die Einführung von Maschinen unter Druck. Das händische Zerreiben der Bohnen wird durch von Windmühlen oder Wasserrädern, in Spanien auch von Eseln angetriebene Mahlwerke ersetzt, die die Bohnen zwischen zwei Walzen zerquetschen. Damit verschwindet der Hilfsberuf der Schokoladereiber. Auch das Mischen der Zutaten wird bereits im 18. Jahrhundert von Maschinen übernommen.

Die Erfindung der Dampfmaschine ermöglicht eine weitere Rationalisierung der Herstellung. Im Jahr 1776 kommt in Frankreich bereits die erste mit Dampfkraft betriebene Maschine bei der Herstellung von Schokolade zum Einsatz. Ab 1789 benutzt die englische Firma J. S. Fry & Sons dampfbetriebene Mühlen, die 1795 ein Patent erhalten. Industriell hergestellte Produkte erhalten den Namen *Dampfschokolade*. Im 18. Jahrhundert wird Kakao erschwinglich, wenn auch mit – zumeist kriegsbedingten – Preisschwankungen. An der Schwelle zum 19. Jahrhundert kommt es zu einem enormen Anstieg der Rohstoffpreise. Der Schokoladekonsum bricht ein.

Das Bürgertum leistet sich kaum noch Kakaoprodukte, selbst für den Adel scheint der Genuss zeitweilig zum unerschwinglichen Luxus geworden zu sein.

Die Situation sollte sich jedoch kurz darauf wieder ändern. So führt etwa ein Sinken der Zölle in den 1820er Jahren in England zu einer Verdoppelung des Imports auf 500 Tonnen, von denen mehr als die Hälfte an die Royal Navy geht. Aus dem Luxusgetränk der Elite wird der Proviant der Matrosen, die noch bis nach dem Zweiten Weltkrieg den kräftigenden Trank erhalten, der die Diensthabenden zudem wachhalten sollte.

In der Verfahrenstechnik werden weitere bahnbrechende Fortschritte erzielt. Die Niederländer Casparus van Houten und sein Sohn Coenraad erhalten 1828 ein Patent für ihre hydraulische Presse zur Trennung von Kakaobutter aus der Kakaomasse. Damit legen sie den Grundstein für die Verarbeitung von Kakaopulver und die Herstellung von Pasten mit erhöhtem Kakaobuttergehalt für feinschmelzende Schokoladen. Coenraad van Houten entwickelt überdies die Methode des Alkalisierens, wodurch der Kakao milder und dunkler mit kräftigerem Aroma wird. Zudem senkt er sich in Flüssigkeiten (z.B. Milch) langsamer ab.

War Kakao zunächst hauptsächlich in flüssiger Form als Trinkschokolade konsumiert worden, so begann bald sein Siegeszug in Form transportabler Tafeln, die wie kaum ein anderes Produkt mit dem Paradigma der Industrialisierung konform gehen: massenhaft herstellbar, haltbar und einfach transportierbar, überall verfügbar.

Als weltweit erster Hersteller von Schokoladetafeln gilt die englische Firma J. S. Fry & Sons, die 1849 ihr Produkt auf den Markt bringt. Allerdings bewirbt bereits 1839 die Firma Jordan & Timaeus im *Dresdner Anzeiger* Speiseschokolade in Tafelform zum Kochen und Naschen, und zwar in der bis heute häufig verwendeten 5er-

bzw. 24er-Einteilung. Es handelt sich dabei sogar um die erste Milchschokolade. Sie war mit Eselsmilch zubereitet, wird jedoch in späteren Quellen aus dem 19. Jahrhundert nicht mehr erwähnt.

Der Zusatz von Honig und Zucker verwandelt den bitteren südamerikanischen Kakao in eine paneuropäische Süßigkeit. Madrid, Paris, London, Berlin und Wien tragen als Haupt- und Residenzstädte entscheidend zur Akzeptanz und Verbreitung von Schokolade in der europäischen Gesellschaft bei, während ein Land weitgehend im Hintergrund bleibt: die Schweiz.

Das ändert sich im 19. Jahrhundert. Nachdem es Henri Nestlé 1826 gelingt, ein Verfahren zum Trocknen von Milch zu entwickeln, nutzt der Schweizer Chocolatier Daniel Peter in seiner Firma Cailler et Compagnie das Milchpulver 1875 zur Herstellung von Milchschokolade. Sein Produkt mit Kuhmilch setzte sich augenscheinlich besser durch als der Dresdner Vorgänger mit Eselsmilch, weshalb Peter fälschlich als Erfinder der Milchschokolade gilt.

Kurz darauf begründen eine neue Maschine und ein neues Schokoladeprodukt den besonderen Ruf der Schweizer Schokolade. Der Schokoladefabrikant Rodolphe Lindt erfindet 1879 das Conchieren, das der Schokolade zu ihrer cremig-zarten Konsistenz und einem besonders feinen Aroma verhilft. Da seine Maschine eine muschelähnliche Form hat, benennt Lindt sie nach dem spanischen Wort *concha* für Muschel. Lindt gelingt es auf diese Weise, eine zartschmelzende Schokolade mit hohem Kakaobutteranteil zu produzieren und sein neues Verfahren am Markt zu etablieren. Vorarbeit hatte Philipe Suchard 1826 mit der Erfindung des *Mélangeur* zur Vermischung von Kakaopulver und Zucker geleistet. Suchard hatte Schokolade erstmals zu Gesicht bekommen, als er sie für seine kränkliche Mutter aus der Apotheke holte.

Er war entsetzt, dass 500 g den Tageslohn eines Arbeiters kosteten und gründete eine Firma, um ein preisgünstigeres Produkt zu erschaffen, das ebenso gesund war.

VOM LUXUS ZUM MASSENPRODUKT

Trotz ihrer Erschwinglichkeit behält die Schokolade den Nimbus des Besonderen. Nimmt die Armut zu, bleibt die Schokolade der kleine Luxus im beschwerlichen Alltag. Das zeigt unter anderem die weithin beachtete Publikation von Marie Jahoda, Paul Lazarsfeld und Hans Zeisel über die Arbeitslosen von Marienthal. In ihrer Studie zu den Auswirkungen langandauernder Arbeitslosigkeit, erschienen 1933, zeigt sich, dass Kakao bei den Arbeitslosen immerhin an drei von sieben Wochentagen zum Frühstück gehört. Der Kakaokonsum nimmt sogar zu, während der Kaffeekonsum abnimmt, was an der »Sehnsucht nach einem Rest von Freude« liegen könnte, wie die AutorInnen vermuten. Zudem ist Kakao ein kalorienreiches Nahrungsmittel.

Nach dem Ende des Zweiten Weltkriegs erhalten Kakao und Schokolade vor allem in Wien und Berlin wieder besonderen Symbolcharakter als Bestandteil der legendären CARE-Pakete. Bemerkenswerterweise enthielten diese Hilfspakete neben den allgemein als notwendig erachteten Lebensmitteln auch Schokolade – so wurde diese zum PR-Argument im Kalten Krieg.

Doch schon bald, mit dem Wirtschaftswachstum der 1950er Jahre, verlieren Kakao und Schokolade die Aura des Luxuriösen und Besonderen. Die Koppelung der hoch produktiven industriellen Verarbeitung im globalen Norden mit der Ausbeutung der Rohstoffe Kakao und Zucker im globalen Süden macht Kakao und Schokolade zum allzeit verfügbaren Massenprodukt. Mit dem Anbau auf dem Territorium des heutigen Ghana beginnt ein beispielloser Siegeszug des westafrikanischen Kakaos, der wesentlich dazu beiträgt, die Erzeugung in enormem Ausmaß zu steigern. In der ersten Hälfte des 20. Jahrhunderts verfünffacht sich die Weltproduktion an Rohkakao. Sie erreicht um 1950 mehr als 750.000 Tonnen. Kakao wird zum Massenprodukt und verliert seine Exklusivität. Kakao mit reichlich Zucker wird zum Kindergetränk, die einst edle Bohne landet in billigen Barren.

Seit einigen Jahrzehnten setzt sich ein neuer Trend durch: In Gourmetkreisen wird Masse von Qualität abgelöst. Kakao-LiebhaberInnen greifen zu Edelschokoladen mit einem Kakaogehalt von bis zu 100 %, Rohkakao wird nicht nur von Raw-Food-Gurus als Superfood gefeiert.

BOTANISCHER STECKBRIEF

Der Kakaobaum, *Theobroma cacao*, aus der Familie der Malvengewächse entstammt den tropischen Regenwäldern des Amazonas, wo heute noch von hohen Bäumen gegen Sonne und Wind geschützter wilder Kakao wächst. Die Gattung umfasst etwa 20 Arten. Tiere, die das süße Fruchtfleisch schätzen, brachten die Samen nach Mittelamerika. In der Neuen Welt war Kakao in seiner Wildform seit 8000 v. d. Z. bekannt. Angebaut wurde er spätestens 1600 v. d. Z. von den Olmeken an der mexikanischen Golfküste. Der Begriff *kakawa* ist in diesem Gebiet 1000 v. d. Z. bereits in Gebrauch. Der immergrüne Baum mit lanzettförmigen zugespitzten Blättern wird bis 15 Meter hoch. Je nach Sorte beginnt er im Alter zwischen 18 Monaten und drei Jahren zu blühen, und zwar das ganze Jahr über in zwei Zyklen zu je sechs Monaten. Stamm und starke Äste sind mit tausenden winzigen weißen (weiblichen) und rosa (männlichen) Blüten übersät, die in der freien Natur von Fliegen bestäubt werden; in Plantagen erfolgt die Bestäubung großteils händisch. Nicht mehr als 20 bis 50 dieser Blüten entwickeln sich zu

Früchten (genau genommen: Trockenbeeren) mit 20 bis 60 Samen, umgeben von süßem Fruchtfleisch. Mittlerweile befinden sich die Hauptanbaugebiete nicht mehr in Mittelamerika, sondern in Afrika. Die Haupterntezeit an der Elfenbeinküste und in Ghana liegt zwischen Oktober und März, die zweite Ernte erfolgt von Mai bis August.

Da ein Baum pro Jahr nur etwa 2 kg Kakaobohnen liefert, verbraucht derzeit eine Person in Europa im Durchschnitt den Ertrag mehrerer Bäume.

DIE GLOBALE ÖKONOMIE DES KAKAOS

In Zeiten von global zirkulierendem Wissen kommt ein weiterer Aspekt hinzu: Kakaoanteil, Zusatzstoffe, Schadstoffgehalt, Bio-Siegel sind Kriterien, die sich in Europa überprüfen lassen. Schwieriger ist es mit der Gesundheit derer, die für sehr wenig Geld in Äquatornähe den Baum anbauen sowie die Früchte ernten und verarbeiten. Der Bio-Anbau schützt diese Menschen zwar vor gesundheitsgefährdenden Giftstoffen, nicht jedoch vor schlechten Arbeitsbedingungen. Bio-Schokolade mit hohem Kakaoanteil und Fair-Trade-Siegel ist die Variante, die am unbedenklichsten ist, nicht nur für die eigene Gesundheit, auch für die Gesundheit der Bauern.

Selbst noch im 21. Jahrhundert leben die meisten KakaobäuerInnen in extremer Armut. Die Preise für den Rohstoff Kakao sind niedrig und schwankend, die Bäuerinnen und Bauern sind kaum organisiert, sie bauen auf kleinen Anbauflächen und unter unsicheren Landrechten an, haben eine niedrige Produktivität, schlechte Infrastruktur, geringe Marktmacht und kaum Marktinformationen. Kakao bietet nicht die Möglichkeit, ein existenzsicherndes Einkommen für die ProduzentInnen und deren Familien zu erwirtschaften. Die Marktkonzentration ist hoch, Fusionen und Übernahmen von vielen Kakao- und Schokoladeunternehmen haben sie in den letzten Jahren verstärkt. Drei Viertel des Welthandels mit Kakao werden von nicht einmal 10 Unternehmen kontrolliert; wenige Verarbeiter, allen voran Barry Callebaut und Cargill, stellen mehr als zwei Drittel der weltweit produzierten Industrieschokolade her.

Für die Initiative *Make Chocolate Fair* und das *Kakao-Barometer,* herausgegeben von mehreren europäischen entwicklungspolitischen Organisationen, ist die Unterstützung der Selbstorganisation der Kakao-ProduzentInnen zentrales Thema. Mangelt es an grundlegender Infrastruktur, an Straßen, Bildung, Gesundheitsvorsorge und einem Zusammenschluss zur Durchsetzung der Interessen, können die ProduzentInnen keinen nachhaltigen Kakaoanbau aufbauen. Wenn sie sich organisieren, können sie viel erreichen, wie die älteste Bio-Genossenschaft El Ceibo in Bolivien zeigt. Als Anfang der 1960er Jahre viele Bergarbeiter gezwungen waren, die geschlossenen Minen zu verlassen, versprach die Regierung umzugswilligen Familien ein besseres Leben als Bauern im Tiefland. Doch die staatliche Unterstützung war unzureichend und für den Kakao, dessen Anbau ihnen empfohlen wurde, zahlten die Zwischenhändler extrem niedrige Preise. Ändern konnten sie ihre Situation durch den Zusammenschluss zu einer Genossenschaft. 1988 wurde El Ceibo die erste zertifizierte Bio-Kakao-Kooperative der Welt; heute kultivieren die Mitglieder ungefähr 70 % des gesamten in Bolivien angebauten Bio-Kakaos und sie sind auch die Ersten, die ihren eigenen Kakao weiterverarbeiten. El Ceibo besteht aus 37 Basiskooperativen mit 1.200 aktiven Mitgliedern, die wiederum mit ihren Familien insgesamt mehr als 6.000 Personen vertreten. Seit 1999 liefert El Ceibo bio-zertifizierten Kakao und Kakaobutter für Schokolade aus fairem Handel. Doch diese Erfolgsgeschichten sind (noch) selten und in der Weltmarktdimension statistisch unbedeutend, denn insgesamt ist der Kakaoanbau von Armut, Kinderarbeit und einem Preisverfall gekennzeichnet: Zwischen September 2016 und Februar 2017 fiel der Weltmarktpreis für 1 Tonne Kakao von über 3.000 auf unter 1.900 Dollar. Ein Grund für den Preisverfall ist die Ausweitung des Anbaus, die auf massiver Regenwaldzerstörung beruht und den Klimawandel in der Region vorantreibt.

EINE NACHHALTIGE KAKAO-ZUKUNFT?

Für die Zukunft prognostizieren KlimaforscherInnen, dass weite Teile von Ghana und der Elfenbeinküste aufgrund des Klimawandels bis 2050 zu trocken für den Anbau von Kakao sein werden. Kakaobäume sind empfindlich, nicht nur in Bezug auf die Feuchtigkeit in ihrem Habitat, sie sind auch leicht angreifbar durch Pilze und Fruchtfäule, durch Viren wie das von Schmierläusen übertragene Swollen-shoot-Virus oder die Javanische Kakaomotte. Insbesondere wenn sie dicht an dicht, ohne Schattenbäume und in Monokulturen wachsen. Im konventionellen Kakaoanbau sind Monokulturen weiterhin üblich. Sie versprechen kurzfristig Gewinne, belasten jedoch Umwelt sowie Menschen mit Pestiziden und führen dazu, dass ein erheblicher Anteil der weltweiten Kakaoernte durch Schädlinge verloren geht. Eine nachhaltige Gegenstrategie ist die Kultivierung der Kakaopflanze in Agroforstsystemen, welche die natürlichen Bedingungen des wildwachsenden Kakaos simulieren. Wilde Kakaobäume gedeihen im Unterwuchs von Regenwäldern, also im Schatten oder Halbschatten. Statt in Monokulturen müsste Kakao in diversifizierten Ökosystemen mit einheimischen Baumarten kombiniert werden. Durch eine Vielfalt von Spezies, etwa Obstbäume und schnellwachsende Schattenbäume, steigt die Artenvielfalt. Schädlinge können durch Vögel, Spinnen, Ameisen oder Wespen in Schach gehalten werden. Mit den neuen Gemeinschaften aus Kakao, schattenspendenden Edelhölzern und Tieren lassen sich die Produktivität erhöhen und der Einsatz von Pestiziden vermeiden. KakaobäuerInnen werden durch Obst und Holz unabhängiger von empfindlichen Kakaopflanzen und schwankenden Weltmarktpreisen.

Der Kauf von ökologisch zertifiziertem Kakao unterstützt die umweltfreundliche Agroforstbewirtschaftung. Verbesserte Arbeitsbedingungen und ökologische Standards gehen in diesem Fall Hand in Hand. Bisher allerdings mehr als Bild denn als globaler Trend. Zudem ist »Fair Trade« im Gegensatz zu »Bio« ein weit gefasster und ungeschützter Begriff, sodass es noch ein weiter Weg ist, bis die Kakaobohne nicht nur dem Genuss der europäischen KonsumentInnen dient, sondern auch den besseren Lebensbedingungen der Menschen in den Herkunftsländern.

DIE KAKAOSORTEN

Heute ist Kakao nicht (mehr) einfach nur Kakao. Mit der aktuellen Renaissance der Kakaokultur entwickeln kleine Manufakturen neue Rezepturen und rücken analog zum Wein die verschiedenen Sorten und Regionen in den Vordergrund. Anfänglich stammte der in Europa verwendete Kakao beinahe zur Gänze aus Venezuela. Aus dieser Perspektive erklären sich die Bezeichnungen der wichtigsten Sorten.

Die ursprünglich wilde *Criollo* (Kreole, Einheimischer) mit rötlichen Früchten, die an einen Rugbyball erinnern, lässt sich nicht in Monokulturen anbauen. Die Pflanze ist krankheitsanfällig und liefert einen geringen Ertrag. Ihr Weltmarktanteil liegt unter 1 %. Dafür zeichnen sich ihre Bohnen durch ein besonders elegantes und intensives Aroma mit zarter Säure und Bitterkeit aus. Sie werden daher zu den feinsten Schokoladen verarbeitet.

Der robuste »Eindringling« aus den Regenwäldern des Amazonas mit länglichen orangefarbenen Früchten erhielt den Namen *Forastero* (Fremdling). Die Varietät liefert höhere Erträge zulasten der Qualität. Aufgrund der wenig komplexen Aromen wird sie schmählich als Konsumkakao bezeichnet. Einzig *Nacional*, ein Forastero aus Ecuador, zu dem auch die Varietät *Arriba* zählt, wird wegen seines mild-würzigen Aromas mit Blütennoten als Edelkakao eingestuft und steht derzeit bei zahlreichen Produzenten hoch im Kurs. Forastero wird heute weltweit angebaut, vor allem in Westafrika und Brasilien. Er erreicht einen Weltmarktanteil von beinahe 90 %.

Als älteste Kreuzung der edlen Criollo mit der widerstandsfähigen Forastero entstand die *Trinitario* als natürlicher Hybrid. Auf Trinidad waren 1727 die meisten der damals kultivierten Criollos eingegangen. Die wegen des intensiven Anbaus auf ausgelaugtem und erodiertem Boden stehenden empfindlichen Bäume konnten einer Infektion mit der Kakao-Welke – anderen Quellen zufolge einem Tornado – nicht Stand halten. Die Plantagen wurden mit Forastero aus dem Osten Venezuelas aufgeforstet. Die Bäume kreuzten sich auf natürliche Weise mit den übriggebliebenen Criollos und trugen kleine gelbe Früchte. Mit fruchtigen, blumigen und nussigen Aromen verbindet Trinitario die Noten der Criollo- und Forastero-Bohnen und ist dabei auch noch widerstandsfähig gegen Schädlinge und Krankheiten. Der Baum blieb trotz seiner Robustheit bisher ein seltenes Gewächs mit einem geringen Weltmarktanteil, genießt jedoch im Edelkakaosegment hohen Stellenwert.

Weitere Kreuzungen, regionale Besonderheiten und der Zwang, sich auf dem Weltmarkt von der Konkurrenz abzuheben, führen zu einer unübersehbaren Flut an neuen Namen und zu neuen Klassifizierungsbestrebungen. Neben der Sorte zählen für EnthusiastInnen auch die Anbauregionen, wobei gilt, dass sich die besten Lagen in den Wäldern nahe des Äquators befinden, denn der Kakaobaum liebt einen Platz im Schatten hoher Bäume und ein gleichbleibendes feuchttropisches Klima ohne Jahreszeiten.

Erst kürzlich trat die Sorte *Ruby* mit rosa Bohnen ins Rampenlicht. In der Schweiz – wo sonst – wurde daraus vom größten Schokoladehersteller der Welt rosa Schokolade entwickelt. Beerig frisch und cremig, bezieht sie ihre zarte Süße aus der Bohne selbst.

Heute werden rund 4,5 Millionen Tonnen Kakaobohnen jährlich in einem engen Gürtel um den Äquator auf dem amerikanischen, afrikanischen (70 %) und asiatischen Kontinent angebaut, in letzteren beiden hauptsächlich auf kleinen Farmen mit 2 bis 5 Hektar. Führend in der Produktion ist die Elfenbeinküste mit mehr als 1,4 Millionen Tonnen pro Jahr.

Die bei der Produktion der Bohnen anfallenden Schalen dienen als Verpackungsmaterial, Dünger und zur Verbesserung der Wasserbindekraft des Bodens. Masthühner erreichen übrigens mit 10 g Kakaoschalen/kg Futter nach 35 Tagen ein um 5 % höheres Gewicht, wodurch leistungsfördernde Antibiotika entfallen könnten.

WIE AUS DER BOHNE SCHOKOLADE WIRD

Nach der Ernte werden die Früchte aufgeschnitten und die Rinde entfernt. Das Fruchtfleisch und die Bohnen werden drei bis sieben Tage fermentiert. Die Bohnen verfärben sich von grau über braun zu weinrot und verlieren einen Teil der Bitterstoffe. Der bei der Fermentation entstehende Alkohol wird zu Essigsäure, die das Pflanzenmaterial zersetzt und Aromastoffe freisetzt. Das bei der Fermentation verflüssigte Fruchtfleisch wird in manchen Produktionsländern destilliert. Nach der Fermentation liegen die Bohnen etwa sechs Tage zum Trocknen im besten Fall an der Sonne oder unter solarbetriebenen Trocknern. Eine Trocknung über Feuer aus Holz oder gar Öl führt zumeist zu unerwünschten rauchigen oder petroleumartigen Fehlaromen. In den Schokoladefabriken werden die Kakaobohnen von Steinen und Sand gereinigt, je nach Rezeptur auch verschiedene Sorten gemischt und geröstet, wodurch sie sich leichter brechen und schälen lassen. Die geschälten Bohnen werden kurz unter Heizstrahlern getrocknet. Danach erfolgt eine zweite Röstung, die für die Entwicklung von Duft und Geschmack entscheidend ist. Milde Temperaturen ergeben ein vielschichtigeres Bukett mit deutlicheren Säurenoten, kräftiges Rösten erzeugt ein intensiveres, doch weniger komplexes Aroma. Danach werden die Bohnen zu einer feinen flüssigen Paste vermahlen. Diese Kakaomasse dient als Basis für die Schokoladeerzeugung. Je nach Kakaoanteil werden 300–600 Bohnen für 1 kg Schokolade benötigt. Die Kakaomasse kann durch Pressen in Kakaobutter und Kakaopulver getrennt werden.

Dunkle Schokolade besteht aus Kakaomasse, Kakaobutter und Zucker. Bei Milchschokolade kommt noch Milchpulver hinzu. Weiße Schokolade ist eine Mischung aus Kakaobutter, Zucker und Milchpulver. Meist wird der Geschmack mit Vanille oder Vanillin verstärkt, in vielen Rezepturen sind weitere Aromastoffe vorgesehen. Auch Emulgatoren (vorwiegend Sojalezithin) sind in den meisten Produkten vorhanden. Sie verhindern ein Entmischen von Kakao und Kakaobutter. Zur Erhöhung der Viskosität wird häufig auch PGPR (Polyglyzerin-Polyricinoleat) aus Rizinus- oder Sojaöl zugesetzt. Die verbesserten Fließeigenschaften spielen vor allem bei Überzügen und dem Gießen von Hohlfiguren eine Rolle. Auch das Entweichen von Luftblasen wird durch PGPR erleichtert.

Die Zutaten werden zwischen Walzen möglichst gründlich vermahlen, um eine sehr feine Textur und ein homogenes Aroma zu erreichen. Danach wird die Masse in der *Conche* mehrere Stunden bis zu mehr als drei Tage lang geknetet. Dabei setzen Luft, Wärme und Reibung physikalische und chemische Prozesse in Gang. Kakaobutter und Milchfett schmelzen und verteilen sich als winzige Partikel, Feuchtigkeit und flüchtige Säuren verdampfen. Abhängig von Temperatur und Zeit setzt ein Prozess des Karamellisierens ein, der besonders für das Aroma von weißer und Milchschokolade von Bedeutung ist. Je länger das *Conchieren* vonstatten geht, umso besser wird das Aroma und umso feiner ist der Schmelz.

KAKAO IN MEDIZIN UND KOSMETIK

Die ältesten Zeugnisse der medizinischen Anwendung von Kakao finden sich in ikonografischen und fragmentarischen Überresten der Kulturen der Olmeken, Maya, Zapoteken, Mixteken und Azteken. Archäologische Zeugnisse sind nicht einfach zu interpretieren, da wegen der Zersetzung des Materials bei der Verarbeitung die Nachweise meist lediglich über die Analyse von Theobromin und Koffein möglich sind. Ergänzend liegen schriftliche Quellen aus dem 16. Jahrhundert vor, die sich vorwiegend mit den Azteken befassen. Besonders aufschlussreich ist der *Florentiner Codex* des ungewöhnlich aufgeschlossenen Paters Sahagún, dessen Informanten Rohkakao als anregendes Stärkungsmittel priesen, jedoch vor übermäßigem Konsum warnten. Zu Recht – werden doch Inhaltsstoffe wie Blausäure, Oxalat, Gerbstoffe und Theobromin erst durch die Fermentation abgebaut. Kakao wurde gegen Magen-, Darm- und Nierenerkrankungen, Asthma, Angina, Schlangenbisse und Zahnstein eingesetzt. Ein Gel, gewonnen aus in

Wasser eingeweichter Rinde, diente zur Behandlung von Glatzen. Bei Schwächezuständen und Fieber mischte man Kakao mit Mais. Mit der Wurzel des Puderquastenstrauchs und Kräutern vermengt bekämpfte Kakao Bronchitis und Infektionskrankheiten, mit Kapokrinde diente er zur Desinfektion und Heilung von Wunden. Kakao mit Vanille war ein beliebtes Aphrodisiakum. Er fungierte auch als Geschmacksverbesserer von Arzneien.

Brillat-Savarin berichtet in seiner *Physiologie des Geschmacks* von der Vorliebe für Kakao, vor allem seitens der Frauen (die sich Kakao sogar in die Kirche nachtragen ließen) und – bemerkenswerterweise – der Mönche. Die christliche Kirche begegnete dem fremdartigen, anregenden und als Aphrodisiakum gepriesenen Getränk mit Misstrauen und Ablehnung, stritt gar darüber, ob es in der Fastenzeit nicht von der spirituellen Reinigung abhalte. Das Problem löste Pater Escobar, »dessen Moral«, laut Brillat-Savarin, »ebenso schmiegsam wie seine Metaphysik spitzfindig« war, indem er mit Wasser bereiteten Kakao als fastentauglich erklärte. Einer anderen Legende zufolge drängte der Bischof von Mexico 1569 Papst Paul V. zu einer Entscheidung, da der Genuss von Kakao während der Fastenzeit unerträgliche Ausmaße angenommen hätte. Der Papst ließ sich eine Tasse des ihm unbekannten Getränks servieren. Es schmeckte ihm nicht, weshalb er es als Fastengetränk zuließ.

Manche Hüter des Seelenheils hätten Kakao am liebsten verboten, wären da nicht zahlreiche Ärzte und Naturwissenschaftler gewesen, die auf die gesundheitlichen Wirkungen hinwiesen. So wurde Kakao zum Thema religiöser, kultureller und medizinscher Kontroversen. Bis ins 17. Jahrhundert trank man ihn – zumindest vordergründig – aus medizinischen Gründen. Vom 17. bis ins 19. Jahrhundert behandelte man mit Kakao vor allem Schwächezustände sowie Lungenprobleme und verwendete ihn zur Stimulation des Nervensystems (auch in erotischer Hinsicht) sowie der Verdauung. Je nach Indikation waren dem Kakao Zucker, Pfeffer, Gewürznelken, Anis, Vanille, auch Mandeln oder Orangenblütenwasser beigemengt. In England erschien 1662 *The Indian nectar. A discourse concerning chocolate* von Henry Stubbe. Der anerkannte, wenn auch aufmüpfige, universalgelehrte Mediziner empfahl darin Kakao bei »hypochondrischer Melancholie«. Stubbe berichtet zudem, dass britische Soldaten auf Jamaica sich hauptsächlich von Kakaomasse und Zucker ernährten, ein Rezept, das über die Jahrhunderte hinweg einigen Heeren Nahrung und Trost spenden sollte. In Italien galt Kakao neben den gängigen Anwendungen ebenfalls als Mittel gegen Melancholie; ab dem 18. Jahrhundert wurde ihm dort sogar die Fähigkeit zugesprochen, das Ergrauen der Haare zu verzögern und die Lebenszeit signifikant zu verlängern. In den USA kursierte in den 1970ern weithin das Gerücht, M&Ms, aber nur die grünen, stärkten amouröse Kräfte.

Heutige Erkenntnisse bestätigen das überlieferte Wissen – von Haarfarben und grünen M&Ms abgesehen, die bis dato nicht Thema von Studien waren. Kakao enthält große Mengen an gut resorbierbaren, besonders effektiven Antioxidantien, die vor allem Schutz vor Zivilisationskrankheiten und vorzeitigem Altern bieten. Sie fördern Heilungsprozesse und dämmen Entzündungen ein, senken den Cholesterinspiegel, mindern die Insulinresistenz, hemmen die Oxidation von Blutfetten sowie das Zusammenkleben von Blutplättchen und damit Thrombosen. Auch das Zusammenziehen der Blutgefäße wird verhindert. Damit sinkt der Blutdruck und das Risiko der Entstehung von Durchblutungsstörungen, Schockzuständen sowie Asthma. Grippe, Malaria, Karies und Parodontose können mit Kakao(blättern oder -rinde) verhindert und behandelt werden. Theobromin lindert Hustenreiz.

Als Präbiotikum fördert Kakao das Wachstum erwünschter Darmbakterien und hemmt gleichzeitig schädliche Stämme. Die Verbesserung der Hirndurchblutung und die Wirkung auf das Nervensystem, das Kakao schützt und sogar regeneriert, erhalten und steigern die kognitiven Funktionen. Inhaltsstoffe von Kakao werden dadurch für die Behandlung von Alzheimer interessant. Brillat-Savarin empfiehlt seine *Chocolade der Betrübten*, wie er Kakao mit Ambra nennt, nicht nur Melancholikern, sondern auch jedem, der »einige Züge zu viel aus dem Becher der Wollust geschlürft hat« und jedem »Mann von Geist, der sich für einige Augenblicke zum Dummkopf geworden fühlt«. Der unübertrefflich kluge Detektiv Sherlock Holmes hielt sein Gehirn nicht nur mit Kokain auf Trab: Zum Frühstück trank er regelmäßig Kakao.

Ich verschone Sie hier mit den komplizierten Details der Wirkungen von Kakao, möchte jedoch auf einen entscheidenden Aspekt hinweisen: Signifikant positive Studienergebnisse wurden mit rohem Kakao und hohen Dosierungen erzielt. Das bei der Produktion von Kakaopulver und Schokolade übliche Alkalisieren und Erhitzen zerstört die Hälfte bis zwei Drittel der Wirkstoffe, der Zusatz von Zucker und Milch verringert deren Anteil noch weiter. Von konventionell hergestellter Schokolade benötigt man daher enorme Mengen, um positive Wirkungen zu erzielen (z.B. bis zu 100 g Bitterschokolade täglich). Die dabei anfallende Menge an Zucker, Fremdfetten und anderen ungünstigen Zusatzstoffen hebt teilweise die gesundheitsfördernden Effekte auf.

Fazit: Milchschokolade und Schokoriegel richten mehr Schaden an, als sie Nutzen bringen. Den höchsten gesundheitlichen Wert hat roher Kakao in Form von Pulver und Kakaomasse. Den besten Effekt erreicht man bei langfristigem Genuss in über den Tag verteilten kleinen Portionen.

Die anregende Wirkung von Kakao wird meist überschätzt. Lediglich die Sorte Criollo weist 2 % Koffein auf, während die am häufigsten verwendete Forastero nur rund 1 % Theobromin enthält (für Hunde und Katzen giftig) und mit 0,1–0,7 % Koffein maximal halb so viel wie Kaffee. In einer Tasse Trinkschokolade finden Sie demnach weniger als in entkoffeiniertem Kaffee. Kakao wirkt eher entspannend und ist daher als Stressbremse geeignet. Dabei spielen vor allem die »Glücksvermittler« Dopamin, Salsolinol, dazu Serotonin und dessen Vorläufer, die Aminosäure Tryptophan, sowie Magnesium eine Rolle. Serotonin führt nicht nur zu innerer Ruhe und Gelassenheit. Es reguliert auch die Wahrnehmung und Körpertemperatur, den Schlaf und das Schmerzempfinden, fördert die Hormonausschüttung, beeinflusst das Sexualverhalten und hemmt den Appetit. Überdies trägt Serotonin zur Wundheilung und Darmperistaltik bei. Die Konzentrationen an Phenylethylamin und Anandamid – Substanzen, die auch in Haschisch und Morphium für das Empfinden von Glück und Lust sorgen – sind so gering, dass sich weder Wirkung noch Sucht entwickeln.

Auf einen wichtigen gesundheitsrelevanten Faktor sei hier verwiesen: Kakao kann mit Mineralöl aus Verpackungen, Pestiziden, Aluminium und Cadmium belastet sein. Gerade der kostbare Edelkakao wächst in Südamerika auch auf vulkanischem Gestein, das viel Cadmium enthält. Zur Kontamination mit Blei kommt es vor allem durch Verwendung bleihaltiger Treibstoffe. Weitere toxische Substanzen können durch Wasser (z.B. aus Goldminen), Dünger und unsachgemäße Trocknung auf die Bohnen gelangen. Es lohnt sich daher eine sorgfältige Auswahl, da die Kontrolle seitens der Behörden nicht lückenlos erfolgen kann. Vor allem Produkte aus dem Internet sind mit Vorsicht zu genießen.

Kakao macht durch seine medizinischen und euphorisierenden Wirkungen von innen schön. Doch auch die äußerliche Anwendung zeitigt sehenswerte Effekte. Schon die indigenen Völker Mittelamerikas schützten und heilten ihre Haut mit Kakaobutter, die intensiv schokoladig duftet und gut aufgenommen wird. Erst 2005 wurde im Kakao N-Phenylpropenoyl-L-aminosäureamid entdeckt, eine Substanz, die das Wachstum von Hautzellen fördert und der Faltenbildung vorbeugt. Kakaobutter findet sich noch heute in zahlreichen Kosmetika wie Seife und Hautlotionen. Auch Eau de Cacao und Parfums mit Schokoladeduft sind erhältlich. Wellnessangebote locken mit schaumigen Kakaobädern und Kakaopeelings. Die Idee ist nicht neu: Bereits die Azteken streuten Kakaoblüten in das Badewasser erschöpfter Regierungsbeamter.

Eine Firma hat den Begriff *Nutricosmetics* – das sind Nahrungs(ergänzungs)mittel für kosmetische Zwecke – wörtlich genommen. Sie verwendet Milchschokolade in ihrer Schokogesichtsmaske und lobt sogar den Geschmack noch vor den Wirkungen auf die Haut. Ebenso erstaunlich erscheint ihre Werbeaussage, die Maske sei bei Kindern äußerst beliebt, impliziert dies doch nicht nur einen Hang zu eigenartigen Ernährungsgewohnheiten, sondern auch eine verfrühte Prägung auf den Schönheitskult.

DIE KULINARISCHEN SEITEN

Die Originalversion des *chokola:tl* fand bei den Europäern wenig Anklang. Mit Milch und Zucker, anfangs zusätzlich – teils aus medizinischen Gründen – mit großen Mengen an Gewürznelken, Pfeffer, Muskat und Zimt versetzt, auch mit Rosenwasser, Orangensaft, Anis, Ingwer, Mandeln oder Pistazien, wurde Kakao immer beliebter. Daneben hielt sich bis in das 19. Jahrhundert eine Zubereitung, bei der Kakaopulver in Wasser gekocht, danach (wie Kaffee) gezuckert und mit Milch gemischt wird. Nachzulesen etwa im weitverbreiteten Kochbuch der Katharina Prato. In einigen lateinamerikanischen Staaten bereitet man noch heute Kakao mit Wasser zu. Ist jemand *como agua para chocolate* (wie Wasser für die Zubereitung von Kakao, also heiß), ist er/sie sehr wütend.

Neben der Verwendung zur Getränkeherstellung erfreute sich im Lauf der Jahrhunderte Kakao als Zutat zahlreicher Süßspeisen zunehmender Beliebtheit. Seltener ist bis heute die Verwendung in pikanten Gerichten. Erst im 20. Jahrhundert erweiterte sich im Zuge der Globalisierung der Kochgewohnheiten und der zunehmenden Experimentierfreudigkeit das Spektrum der Anwendungen.

Ein Kuriosum am Rande: Als *deutscher Kakao* fanden geröstete Rote Rüben und karamellisierte Rübenschnitzel in Notzeiten den Weg in die Küche. In der DDR wurde sogar ein Verfahren zur Herstellung von Kakaoersatz aus Roten Rüben patentiert, um Versorgungsengpässen und Problemen mit der Handelsbilanz auszuweichen.

Je nach Verwendungszweck wählt man zwischen Kakaopulver, entöltem Kakaopulver, Grué de Cacao (gemahlene Schalen der Kakaobohne) und Kakao Nibs (gemahlene Kakaobohnen), die roh oder geröstet erhältlich sind. Da Rohkakao einen deutlich höheren gesundheitlichen Wert aufweist, lohnt es sich, den Gaumen von gewohnten Pfaden abzulenken. Bei der ersten Verkostung roher Kakaobohnen darf man sich auf Überraschungen gefasst machen. Sie sind ausgesprochen knackig und der Gaumen stößt zunächst einmal auf eine unerwartete Säurekomponente. Beim Weiterkauen erschließen sich dann die typischen Aromen von Kakao und Kakaobutter in einem spannenden Spektrum, das durch die zarte Säure noch gehoben wird.

Wie bei allen pulverförmigen Nahrungsmitteln leidet die Qualität unter dem Einfluss von Luft. Licht und Wärme sind ebenso ungünstig. Keinesfalls benutzt man Fertigmischungen. Auch wenn sie sich nobel *Trinkschokolade* nennen, bestehen sie großteils aus (Trauben-) Zucker, wenig Kakaopulver (laut Lebensmittelkodex genügen 18 % für Trinkkakao) oder Kuvertüre und penetranten Aromazusätzen.

Kakao mit seinem holzig-nussigen und röstigen Aroma, unterstützt durch erdige Töne und warme, blumige Honignoten, harmoniert besonders gut mit Vanille, Tonkabohne, Zimt(blüten), Anis, Minze, Pfeffer, Chili, Orange, Nüssen, Samen, Früchten, Pilzen, Geflügel, Rind, Wild, Innereien, dunklen Saucen, Kaffee, Rotwein, Portwein, Rum und Whisky. Fruchtsaucen und Marmeladen (besonders Marille, Weichsel, Zwetschke und Orange) erhalten durch Kakao Nibs das gewisse Etwas.

Auch die Kombination von Blut und Kakao, einst Kultgetränk bei Opferritualen, ist sehr reizvoll, wie einige Blutwursthersteller beweisen. Der Versuch deutscher Großeltern, ihre Enkel von Schokolade mit dem Argument abzuhalten, sie enthielte Ochsen- oder Schweineblut, beruht vermutlich auf einem (nie genehmigten) Patentantrag zur Erhöhung des Eiweißgehaltes von Schokolade und einem DDR-Forschungsprojekt zur Färbung von Schokolade mit getrocknetem Blut. Bei einem Produkt von Zotter hätten die Großeltern sogar recht: Der ausgesprochen kreative Chocolatier bietet Schokolade mit Blutfüllung an.

REZEPTE

Wenn nicht anders angegeben, machen die Rezepte 4 Personen glücklich. Besonders, wenn die Gewürze frisch gemahlen und die verwendeten Zitrusfruchtschalen ungespritzt sind. Die Angabe »Kakao« in den Zutaten meint immer reines Kakaopulver.

FLÜSSIGES GLÜCK

Chokola:tl

Das Getränk der einstigen Elite mittelamerikanischer Hochkulturen existierte in unterschiedlichen Versionen, wobei Mais, Chili, Honig, Annatto und Vanille sowie pulverisierte Blüten die häufigsten Zusätze darstellten. Sie haben richtig gelesen: Auch Honig war Bestandteil des Getränks, wie antike Abbildungen und archäologische Analysen zeigen.

6 EL Kakao • 2 TL feinstes Maismehl • 2 Zimtblüten • 1 Prise gemahlene Tonkabohne • 1 kleine frische oder getrocknete Chilischote • Mark von ½ Vanilleschote • 2–3 TL Hochlandhonig

Alle Zutaten mit 800 ml Wasser mischen und bei mittlerer Hitze unter kräftigem Rühren mit dem Schneebesen aufwallen lassen.

Chubby Chocolate

Zu dieser Mischung inspirierte mich die *Chocolate andaluz*, zum Namen (*chubby* = pummelig) die mollige Konsistenz. Nach einem besonders harten Tag macht sich ein Schluck guter Rum oder Cognac gut darin.

150 g Kakao • 50 g Staubzucker • 10 g Maisstärke • Mark von 1 Vanilleschote • 1 kräftige Prise Zimt • je 1 dezente Prise Piment, Gewürznelken und getrocknete Orangenschale • je 1 sehr dezente Prise Salz und Muskatnuss

Alle Zutaten sorgfältig mischen. Kühl und trocken aufbewahrt gut 1 Jahr haltbar.

Für ein sämiges Getränk 1–2 TL, für eine Dessertsauce 3–4 TL mit etwas kalter Milch glatt rühren und in 200–250 ml heißer Milch oder Obers bei sehr milder Hitze unter Rühren bis zur gewünschten Konsistenz andicken lassen, aber nicht kochen.

Cremiger Kakaolikör

Vollmundiger Seelentröster und Basis für allerlei Köstlichkeiten.

120 ml Schlagobers • 60 g Kakao • 50–60 g Zucker, nach Belieben karamellisiert • Mark von 1 Vanilleschote • 1 zarte Prise Zimt • 500 ml Rum

Obers, Kakao, Zucker, Vanille und Zimt mit dem Schneebesen gut verrühren. Bei milder Hitze beinahe zum Kochen bringen. Abkühlen lassen, Rum einrühren und 2–3 Tage im Kühlschrank ziehen lassen. Gekühlt etwa 1 Monat haltbar.

Kakaolikör

Mit zarten Karamellnoten.

100 g Kakao Nibs • 100–150 g Zucker • 1 Liter Rum • 1 kleine Zimtstange

Die Nibs mit dem Zucker zart karamellisieren. Abkühlen lassen. Mit Rum und Zimt 3 Wochen unter gelegentlichem Schütteln ziehen lassen, abseihen.

Kakao-Smoothie

Gibt Kraft und macht gute Laune.

2 Bananen • 2 EL Orangensaft • 300 ml Mandelmilch • 200 g Seidentofu • 2 EL Kakao • 1 EL Honig • 1 Prise Zimt • 2 TL Kakao Nibs und/oder gehackte Nüsse

Bananen in dünne Scheiben schneiden, mit Orangensaft benetzt 1 Stunde tiefkühlen. Übrige Zutaten im Mixer pürieren. Bananen nach und nach einmixen. Mit Kakao Nibs bestreut sofort servieren.

Kakaobrand

Ein köstlich herber Genuss. Als Basis eignen sich auch Cognac, Whisky, Gin, Tequila …

1 Liter Rum • 100 g Kakao Nibs • 2 aufgeschlitzte Vanilleschoten

Alle Zutaten 3 Wochen unter gelegentlichem Schütteln ziehen lassen, abseihen. Nibs und Vanille lassen sich weiterverwenden.

Variationen mit Zimt, Chili und Orangenschale oder einigen Kaffeebohnen sind ebenfalls wunderbar.

KÜCHENGEHEIMNISSE

Raffinierte Würzsaucen machen die einfachsten Gerichte zu etwas ganz Besonderem und sind höchst willkommene Geschenke.

Chilidressing

Großartig auch zu gebratenen Endivien oder Chicorée, Artischocken, grünem Spargel, Stangensellerie, Fenchel, Fisch und Meeresfrüchten, Geflügel, Wild und Käse mit gebratenen Quitten.

4 EL Olivenöl • 5 große Knoblauchzehen in Scheiben • 1 gehackte Chilischote • je 1 Prise Vollrohrzucker und Salz • 2 TL Kakao • 2–3 TL Apfelessig • 1 EL gehackte Petersilie

Olivenöl erhitzen. Knoblauch und Chili darin anschwitzen. Mit Zucker leicht karamellisieren lassen. Restliche Zutaten einrühren.

Für Meeresfrüchte ein wenig Cognac einrühren.

Kakaobalsamico

Großartig zu Käse, Salat, Kartoffeln, gebratenem Gemüse oder Fleisch, auch zu feinen Pasteten und Terrinen.

1 EL Kakao • 4 EL Balsamico • 1 TL püriertes Basilikum • 1 Prise gemahlene rosa Beeren

Kakao mit 1½ EL heißem Wasser verrühren und 5 Minuten quellen lassen. Mit den übrigen Zutaten vermischen. Mindestens 24 Stunden reifen lassen.

Pesto negro stiriano

»Steirerblut ist kein Himbeersaft«, sagte mein Lieblingsonkel in brenzligen Situationen. Danach stärkte er sich gerne mit meinem Pesto, das er in beeindruckenden Mengen am liebsten zum Steirerkas, einem mageren Sauermilchkäse, verschlang.

100 g Kürbiskerne, nach Wunsch geröstet • 60 ml Kürbiskernöl • 60 ml Sonnenblumenöl • 2–3 Knoblauchzehen • 25 g Petersilie • 2–3 TL Kakao • je 1 zarte Prise Majoran und Muskatnuss • Salz • Pfeffer • 50 g winzige Würfelchen von gebratenem Speck oder hartem Schafskäse

Kürbiskerne, Öle, Knoblauch, Petersilie, Kakao und Gewürze in der Küchenmaschine zur gewünschten Konsistenz pürieren. Speck oder Käse einrühren. Mindestens 1 Stunde ziehen lassen.

Mole negro de Oaxaca für Puristen

Für diese Sauce gibt es unzählige Rezepte mit variierenden Anteilen an Nüssen und mexikanischer Schokolade, eine eher derbe Halbbitter mit Zimt. Traditionell bereitete man die Mole mit reichlich Schweineschmalz zu. Der Mexikaner bei mir ums Eck verwendet billige Milchschokolade, wodurch seine Mole zu einem ockerfarbenen Etwas wird, das sich nicht mit höflichen Worten beschreiben lässt.

Hier eine schön puristische Version mit getrockneten Chilis, da diese in unseren Breiten leichter erhältlich sind.

8 g Chiles Cascabels (scharf) • 8 g Chiles Pasillas (sanft würzig) • 8 g Chiles Mulatos (fruchtig-rauchig-mild) • 2 EL Öl • 1 gehackte Zwiebel • 4 gehackte Knoblauchzehen • 25 g blanchierte Mandeln • 20 g Erdnüsse • 15 g Kürbiskerne • 15 g Sesamsamen • je 1 Prise Anis-, Kümmel- und Koriandersamen • je ½ TL Majoran und Thymian • 1 TL Oregano • Pfeffer • 25 g Rosinen • 500 g enthäutete Fleischtomaten • 125 g Tomatillos, ersatzweise unreife Ringlotten oder Zwetschken ohne Stein • 1 altbackene Tortilla oder 3 Scheiben Weißbrot • 2 Gewürznelken • ¼ Zimtstange • 2 EL Kakao • etwa 120 ml Suppe, vorzugsweise aus Geflügel

Chilischoten im heißen Öl kurz anbraten, in wenig Wasser weich kochen. Zwiebel im Öl glasig dünsten, Knoblauch kurz mitbraten. Mandeln, Erdnüsse, Kürbiskerne, Sesam, Gewürze und Rosinen einige Minuten mitbraten. Die Mischung mit den Tomaten, Tomatillos, Tortilla und Chilis pürieren. Das Püree mit Nelken, Zimt, Kakao und Suppe 20 Minuten sanft kochen.

Traditionell lässt man in der Sauce gekochtes Geflügel (oft Truthahn) noch 20 Minuten ziehen. Sie passt auch gut zu gebratenem Gemüse, Halloumi oder Schwein.

Mole poblano

Traditionell zu Truthahn gereicht unterscheidet sich diese Sauce von der Mole negro vor allem durch den gut doppelt so hohen Kakaoanteil und die Verwendung von Chiles Poblanos, frische grüne (unreif geerntete), zart scharfe Schoten mit fruchtiger Note, die reif und getrocknet als Chiles Anchos erhältlich sind.

Wilde Chili Pops

Gibt Cremesuppen, Salaten und gegrilltem Käse, Fisch oder Fleisch den Kick. Es eignen sich auch Buchweizen und Quinoa.

1 EL Öl • 100 g roher Wildreis • 2 EL Kakao • 2 TL Steinpilzpulver • 1 Prise Cayenne • Salz

Das Öl in einer schweren Pfanne erhitzen. Reis einrühren und gut mit dem Öl überziehen. Deckel aufsetzen und den Reis bei Mittelhitze unter gelegentlichem Schütteln poppen lassen. Noch heiß mit den übrigen Zutaten mischen und über das Gericht streuen. Sofort servieren.

Der Reis geht nicht so stark auf wie Popcorn. Je frischer und weniger ausgetrocknet die Körner sind, umso größer der Popeffekt.

Madeirasauce

Hervorragend vor allem zu dunklem Fleisch und Wild, auch zum Verfeinern von Suppen und Saucen.

500 ml Madeira • 200 ml Fleischglace • 2 EL Kakao • Schale von ¼ Orange

Eine Bouteille Madeira bis zur benötigten Menge austrinken. Die Flasche in einen Topf mit warmem Wasser stellen. Das Wasser langsam aufkochen. Fleischglace mit Kakao verrühren und sanft erwärmen. Sobald der Wein heiß ist, nach und nach die geschmolzene Glace in die Flasche gießen. Orangenschale hinzufügen und die Flasche verschließen. Gut 1 Woche ziehen lassen. Die Sauce hält beinahe unbegrenzt.

Dunkle Mandelsauce

Besonders fein zu gegrilltem Gemüse oder Käse, Hummer, Geflügel und Kalb oder Kaninchen.

125 ml Weißwein • 125 ml gute Suppe • 1 kleine Zimtstange • 2 EL Olivenöl • 60 g geschälte Mandeln • 5 gehackte Knoblauchzehen • 2 hart gekochte Eier • 1–2 EL Kakao • Salz • Pfeffer

Weißwein und Suppe mit Zimt auf etwa die Hälfte einkochen, Zimt entfernen. Olivenöl erhitzen. Mandeln darin leicht anbräunen. Knoblauch kurz mitrösten. Mandeln, Knoblauch und Eier mit der Flüssigkeit pürieren. Kakao, Salz und Pfeffer einrühren. Einige Minuten bei milder Hitze andicken lassen.

APPETITANREGER UND SNACKS

Sommersalat mit Kakaovinaigrette

Als Winterversion erfreut die Vinaigrette – mit Apfelessig zubereitet – zu Vogerlsalat, Kartoffeln und gerösteten Haselnüssen.

1 TL Kakao • 1 TL Senf • 4 EL milder Weißweinessig • Salz • Pfeffer • 6 EL Olivenöl • 1 Salatgurke in Würfeln • 2 Stangen Sellerie in Scheiben • 2 Handvoll Rucola • 4 EL geröstete Mandelblättchen oder Kakao Nibs

Kakao, Senf, Essig, Salz und Pfeffer glatt rühren. Olivenöl teelöffelweise wie bei einer Mayonnaise kräftig einschlagen, sodass eine sämige Creme entsteht. Gemüse mit dem Dressing überziehen. Mandelblättchen darüberstreuen und sofort servieren.

Rote Rüben mit Orangen und Kakaoknusper

600 g Rote Rüben in Spalten • 8 EL Olivenöl • 3 EL Zitronensaft • 1 EL Honig • Salz • Pfeffer • 4–6 EL Rotweinessig • 1 TL Kakao • 1 Prise Staubzucker • 1 kleiner Kopf Eisbergsalat • Filets von 2 Orangen • 1 rote Zwiebel in dünnen Ringen • 4 EL grob gehackte geröstete Walnüsse • 2 EL geröstete Kakao Nibs • 2 EL Petersilienblättchen

Backofen auf 180 °C vorheizen, Backblech mit Backpapier auslegen. Rote Rüben mit einer Mischung aus 2 EL Olivenöl, Zitronensaft, Honig, Salz und Pfeffer überziehen. Auf dem Blech 30–40 Minuten unter gelegentlichem Wenden backen. Restliches Olivenöl mit Essig, Kakao, Zucker, Salz und Pfeffer kräftig schlagen. Salatblätter auf einer großen Platte mit den lauwarmen Roten Rüben belegen. Orangenfilets und Zwiebelringe darauf arrangieren. Mit dem Dressing beträufeln. Mit Walnüssen, Kakao Nibs und Petersilie bestreut sofort servieren.

Als warme Version die Roten Rüben mit 600 g dünnen Kartoffelscheiben backen. Orangen und Zwiebeln mit ein wenig Öl beträufelt 20 Minuten mitbacken. Wie oben fertigstellen.

FÜR DEN GROSSEN HUNGER

Chili sin carne, dafür mit Süßkartoffeln

Bei dieser Kombination wird niemand das Fleisch vermissen.

800 g Süßkartoffeln • Pimentón oder Cayenne • Salz • Pfeffer • 2 EL Olivenöl • 1 gehackte Zwiebel • 3 gehackte Knoblauchzehen • 1 gehackte rote Paprikaschote • 800 g gehackte Tomaten • Chili • Kreuzkümmel • Oregano • 400 g gekochte rote Bohnen • 200 g gekochte Maiskörner • 2–3 TL Kakao • 4 EL Sauerrahm • 2 EL gehacktes Koriandergrün oder Petersilie

Den Backofen auf 200 °C vorheizen. Ein Backblech mit Backpapier auslegen. Süßkartoffeln schälen, in Würfel schneiden und mit ½–1 TL Pimentón, Salz, Pfeffer und 1 EL Olivenöl mischen. Zwiebel im restlichen Olivenöl glasig dünsten. Knoblauch und Paprikaschote kurz mitbraten. Tomaten, Chili, Kreuzkümmel und Oregano einrühren. Bei milder Hitze 30 Minuten dünsten. Süßkartoffeln in einer Lage auf dem Blech 20–25 Minuten backen, bis die Würfel innen weich und außen knusprig sind. Bohnen, Mais und Kakao in die Tomatensauce rühren und 5 Minuten erwärmen. Süßkartoffeln hinzufügen. Mit Salz, Pfeffer und Pimentón abschmecken. Sauerrahm und Koriander/Petersilie getrennt dazu reichen.

Tamales mit Gemüse

Tamales sind Maisblatt-Päckchen, die – in diesem Fall – Gemüse enthalten. Ein vielseitiges Rezept, das auch Gemüsereste ins beste kulinarische Licht rückt. Maisblätter sind beim Bauern oder getrocknet in mexikanischen Spezialitätengeschäften erhältlich.

20 Maisblätter • 200 g Maismehl • 300 ml Suppe • 1 Prise Muskatnuss • 1 Prise Kreuzkümmel • 4 EL Öl • 1 gehackte Zwiebel • 3 gehackte Knoblauchzehen • 1 gehackte rote Paprikaschote • 1 gehackte Chilischote • 250 g gekochte Erbsen • 2 EL Kakao • je 1 Prise Salz, Pfeffer, Oregano und Bohnenkraut • 300 g Sauerrahm • Koriandergrün

Getrocknete Maisblätter in warmem Wasser einweichen. Maismehl mit Suppe, Muskat, Kreuzkümmel und 2 EL Öl zu einem weichen Teig verarbeiten. Zwiebel, 2 Knoblauchzehen, Paprika und Chili im restlichen Öl weich braten. Erbsen, Kakao und Gewürze einrühren. Maisblätter trocken tupfen. Teig auf den Blättern verstreichen, Gemüse in die Mitte der Teigflächen löffeln. Blätter über der Füllung zu dichten Päckchen zusammenfalten. In einen großen Topf mit Siebeinsatz heißes Wasser bis knapp unter den Einsatz gießen. Päckchen auf das Sieb legen. Deckel aufsetzen. Etwa 1 Stunde dämpfen, bis der Teig gar ist und sich leicht aus den Blättern löst. Sauerrahm mit Salz, Pfeffer und restlichem Knoblauch mischen. Mit Koriander bestreut zu den Tamales servieren.

Kichererbsen mit Kastanien aus dem Ofen

Eine feine Hauptspeise an grauen Tagen oder als gute Beilage zu Schweinskoteletts, Fleischbällchen, Wurst und Blutwurst.

100 g über Nacht eingeweichte Kichererbsen • 30 g grob gehackte Datteln • 30 g Rosinen • 2 EL Olivenöl • 1 gehackte Zwiebel • 4–5 grob gehackte Knoblauchzehen • 200 g gekochte Kastanien • 1 gehäutete, gehackte Fleischtomate • 1 TL Paprikapulver • 1 dezente Prise Zimt • ca. 600 ml gute Suppe • 200 g Risottoreis • 2 EL Kakao • Salz, • Pfeffer • je 2 EL geröstete Pinienkerne und gehackte Kräuter zum Garnieren

Kichererbsen in frischem Wasser 1 Stunde weich kochen. Datteln und Rosinen in wenig Wasser 30 Minuten einweichen. Backofen auf 200 °C vorheizen. Öl in einer breiten ofenfesten Pfanne erhitzen. Zwiebel im Öl hellgolden braten. Knoblauch mit Datteln und Rosinen dazugeben und 2–3 Minuten unter Rühren mitschwitzen. Restliche Zutaten einrühren. Im Ofen 30 Minuten backen, bis der Reis weich ist. Mit Pinienkernen und Kräutern bestreut servieren. Blattsalat dazu reichen.

Schweinsmedaillons mit Kirschen

800 g Schweinsfilet in Scheiben • Öl zum Braten • 1 TL Zucker • 400 g gehackte Kirschen ohne Stein • 1 gehackte fruchtige Chilischote nach Belieben • 1–2 EL frisch zubereiteter starker Espresso • 1–2 TL Kakao • Salz • Pfeffer • 1 gehackte Frühlingszwiebel

Den Backofen auf 180 °C vorheizen. Ein Backblech mit Backpapier auslegen. Die Medaillons im Öl beidseits scharf anbraten. Im Backofen etwa 7 Minuten rosa garen. In der Zwischenzeit den Zucker bei milder Hitze hell karamellisieren. Kirschen und Chili hinzufügen. Unter gelegentlichem Rühren 5 Minuten kochen. Espresso und Kakao einrühren. Medaillons salzen und pfeffern. Mit der Sauce und Frühlingszwiebeln sofort servieren. Flaumiger Basmatireis ist ideal als Beilage.

Teuflisches Huhn

Rauchig und höllisch scharf – betörend gut auch ungeräuchert und entschärft.

1 Brathuhn • 1 EL Kakao • 3 EL Vollrohrzucker • 2 TL Salz • 1–3 TL Chipotle oder 2–3 TL Pimentón und 1–2 TL Cayenne • 1 kräftige Prise gemahlene Koriandersamen • 3 gehackte Knoblauchzehen • 1 gehackte Zwiebel • 600 g gehackte Tomaten • 1 EL Orangenschale • 1 zarte Prise Zimt • 2 Lorbeerblätter • 2 EL Öl

Das Huhn in einen Bräter legen. Kakao, Zucker und Gewürze mischen. Knoblauch mit 3 EL Gewürzmischung vermengen und unter die Haut des Huhns schieben. Huhn mit restlicher Gewürzmischung außen und innen einreiben; 30–60 Minuten ziehen lassen. Backofen auf 175 °C vorheizen. Zwiebel und Tomaten um das Huhn legen, Zimt und Orangenschale einrühren, Lorbeerblätter hineinstecken, Öl darüberträufeln. Huhn etwa 75–90 Minuten braten, bis aus einem Stich in die dickste Stelle des Schenkels klarer (nicht mehr rosa) Saft austritt. Bei Bedarf zwischendurch ein wenig Wasser oder Orangensaft zugießen, die Sauce soll allerdings recht dick sein. Erbsenreis mit gerösteten Erdnüssen oder Rosmarinkartoffeln passen sehr gut dazu.

Rehfilet mit Kürbisgrué und Portwein

Die Anregung zu diesem Rezept gaben mir zwei Autoren, beide Thomas A. mit Vornamen: Vierich und Vilgis. Ich habe die Elemente neu kombiniert und interpretiert, weil sie mir so viel besser gefallen. Statt Wild ist auch kräftiges Rind wunderbar.

150 ml Portwein • 150 ml Wildfond • 1–2 TL Kakao • Salz • rosa Beeren • 2 EL Grué de Cacao, ersatzweise Kakao Nibs • 1 EL feinste roher Kürbisraspel • 700 g ausgelöster Rehrücken • Öl zum Braten • Fleur de Sel

Portwein und Fond auf die Hälfte einkochen. Vom Herd nehmen. Kakao einrühren. Mit Salz und rosa Beeren abschmecken. Etwa 15 Minuten vor Fertigstellung der Portweinsauce den Backofen auf 90 °C vorheizen. Grué de Cacao mit Kürbisraspel mischen. Rehrücken in 3 cm dicke Scheiben schneiden. Auf jedes Medaillon einseitig etwas Gruémischung drücken. Medaillons auf dieser Seite scharf anbraten. Wenden, auf der zweiten Seite ebenfalls scharf anbraten. Medaillons im Ofen 10 Minuten rosa braten. Zum Servieren mit Fleur de Sel bestreuen, Portweinsauce angießen, restliche Gruémischung zum Eintauchen der Medaillons dazu reichen. Ideale Ergänzung sind Rotkraut mit ein wenig Zimt und Serviettenknödel mit Kastanien oder Steinpilzen.

ZUM NASCHEN

Kakao Crunch

Knuspriger Streugenuss für Müsli, Joghurt und Fruchtsalat.

100 g Haferflocken • 30 g gehackte Nüsse • 20 g Kakao • 1 EL Öl • 1 TL Zimt • 6 EL Ahornsirup

Den Backofen auf 125 °C vorheizen. Ein Backblech mit Backpapier auslegen. Alle Zutaten zu einer bröseligen Masse mischen. Bei Bedarf mit einigen Tropfen Wasser anfeuchten. Masse auf eine Hälfte des Backpapiers setzen. Papier darüberschlagen. Mit einem Nudelholz darüberrollen, um die Masse gleichmäßig zu verteilen.

Papier wieder aufschlagen. Die Masse 30–45 Minuten knusprig backen. Nach dem Erkalten grob zerbröseln. In luftdichten Gläsern kühl und dunkel bis zu drei Monate lang haltbar.

Eis am Stiel

Ein Kindertraum wird zu Power-Soulfood. Mit karamellisiertem Zucker und gesalzenen Pistazien nahe dran am Elysium.

1 Avocado • 1 Banane • 10 g geriebene Haselnüsse (nach Belieben geröstet) • 3 EL Kakao • 2 EL Ahorn- oder Agavensirup • 1 Prise Zimt • 2 TL Kakao Nibs • 30 g Kakaobutter oder Kokosfett • 1–2 TL Staubzucker (nach Wunsch karamellisiert) • 2 EL grob gehackte Pistazien

Avocado, Banane, Haselnüsse, 2 EL Kakao, Sirup und Zimt mit 40–50 ml Wasser zu einer dicklichen Creme pürieren. Nibs einrühren. Masse in Silikonformen oder Espressotassen füllen. Holzstäbchen oder Mokkalöffel hineinstecken und mindestens 3 Stunden tiefkühlen. Für die Glasur Kakaobutter sanft schmelzen. Zucker und restlichen Kakao einrühren, beinahe komplett auskühlen lassen. Eis aus den Formen ziehen. Mit der Glasur in Tupfen oder Streifen dekorieren. Pistazien darüberstreuen. Sofort genießen oder nochmals einfrieren.

Vielseitiger Wundermix

So flott gemacht, so köstlich, so vielseitig: als Brotaufstrich, Füllung und – etwas fester angerührt – als gesunde Praline. Elegant mit Walnüssen oder Mandeln, herzhaft mit Haselnüssen oder Pekans. Der Fantasie sind beim Würzen kaum Grenzen gesetzt: Vanille, Zimt, Nelken, Orangen- oder Mandarinenschale, Bittermandel, Rosengeranie, Rum, Whisky, Liköre, aber auch mit Thymian oder Rosmarin als Käsebegleitung.

200 g geriebene Nüsse, nach Wunsch geröstet • 100–150 g Honig • 2–4 EL Kakao • ½ TL Zimt • 1 Msp. Vanillemark oder gemahlene Tonkabohne

Alle Zutaten zu einer streichfähigen Paste verrühren und in kleinen Gläsern kühl und dunkel bis zu drei Monate lang lagern.

Für eine fruchtige Variation getrocknete Marillen, Pflaumen oder Preiselbeeren in kleinen Stückchen einarbeiten. Als Frühstück oder Snack mit frischem Obst und Orangensaft oder Joghurt anrühren.

Karamellisierte Früchte mit Schokokrokant

600 g Steinobst ohne Stein oder Birnen ohne Kerngehäuse • ½ Menge Wundermix mit viel Kakao • 1–2 EL geschmolzene Butter

Backofen auf 180 °C vorheizen. Backblech mit Backpapier auslegen. Halbierte Früchte auf das Blech legen, dünn mit Butter bepinseln. Mulden mit Wundermix füllen. Früchte je nach Größe und Reifegrad 10–20 Minuten backen, bis die Oberfläche der Füllung zu Krokant härtet. Heiß servieren, nach Wunsch mit Kakaoglasur:

Kakaoglasur

Wer sich die Patzerei mit geschmolzener Schokolade sparen möchte, findet hier eine perfekte Alternative, die ebenso gut schmeckt und nicht quietschsüß ist. Mit Kakaobutter oder Butter wird die Glasur ein wenig weicher und zartschmelzender als mit Kokosfett. Das Grundrezept lässt sich wunderbar variieren. Mit zusätzlicher Flüssigkeit wird daraus ein feiner Guss für Desserts und Eiscreme oder für in Butter gebratene, mit Orangenlikör flambierte Bananen.

30 g Kakao • 150 g Staubzucker • 20 g geschmolzene (Kakao-)Butter (oder Kokosfett) oder Öl

Kakao und Staubzucker mit 2–3 EL warmem Wasser vollkommen glatt rühren. Fett einrühren.

Für eine Diätversion das Fett durch 2–3 EL Flüssigkeit ersetzen.

Feiner als Wasser sind Espresso, Rum, Cognac, Whisky, Likör oder Orangensaft. Als zusätzliches Aroma eignen sich besonders Zimt(blüte), Koriandersamen, Vanille, Tonkabohne oder Chili.

Konditorcreme

Diese vielseitige Creme eignet sich als Dessert(basis), Füllung und Glasur. Sie lässt sich mit den im vorigen Rezept angegebenen aromatischen Zutaten variieren.

6 Dotter • 130 g Zucker • 10 g Kakao • 30 g Mehl • 500 ml Milch • 1 aufgeschlitzte Vanilleschote • etwas Staubzucker zum Abkühlen

Dotter mit etwa 50 g Zucker hell und cremig schlagen. Kakao und Mehl darübersieben und einrühren. Milch mit restlichem Zucker und Vanille aufkochen. Etwa 150 ml davon kräftig in die Dottermasse rühren. Diese Mischung in die restliche Milch gießen und unter stetem Rühren bei milder Hitze aufkochen. Sanft 2 Minuten köcheln lassen. In einer Schüssel mit Staubzucker bestreut abkühlen lassen. Der Staubzucker verhindert die Bildung einer Haut.

Sommerfrische Kakaocreme

Ein schön leichtes Dessert oder Sommerfrühstück, auch als Füllung geeignet.

2 EL Kakao • 1–2 EL Honig oder Staubzucker • 1 TL geriebene Limettenschale • Vanille • 200 g Frischkäse • 200 g Joghurt • 200 g frische Früchte • 2 EL gehackte Nüsse oder Kakao Nibs zum Bestreuen

Alle Zutaten mit Ausnahme der Früchte im Mixer flaumig schlagen. Mit Früchten belegen. Nach Belieben bestreuen. Auch Minzblättchen sind fein.

Kinderleichte Schokosoufflés

Wer sich vor der Zubereitung von Soufflés fürchtet, findet mit diesem spielend einfachen Rezept den besten Einstieg. Sommerlich frisch mit 50 ml Minzlikör in der Creme.

1 Rezept Konditorcreme (Seite 51) • 30 g Butter • 180 g Zucker • 65 g Kakao • 1 zarte Prise Zimt • 8 Eiklar • 2 EL Staubzucker • 2 EL geröstete Mandelblättchen

4 Souffléformen mit 10 cm Durchmesser mit der Butter ausstreichen und mit insgesamt 30 g Zucker ausstreuen. Backofen mit einem Backblech auf der mittleren Schiene auf 190 °C vorheizen.

300 g der noch lauwarmen Konditorcreme mit dem Kakao und Zimt verrühren. Eiklar halbfest schlagen. Mit restlichem Zucker zu weichen Spitzen schlagen. Ein Drittel der Masse unter die Schokocreme ziehen, danach den

Rest mit einem Spatel sanft einheben. Die Mischung auf die Förmchen verteilen, glatt streichen und mit einer Messerspitze vom Rand der Förmchen wegdrücken. Die Soufflés auf dem heißen Blech 7–8 Minuten backen. Noch heiß mit Staubzucker und Mandelblättchen bestreut servieren. Restliche Konditorcreme dazu reichen.

Soufflierte Schokocrêpes

Wie man sich Schokoholics hörig macht.

1 Ei • 1 Dotter • 40 ml Schlagobers • 20 g Kakao •
10 g Mehl • 1½ EL Staubzucker • 60 ml Milch •
20 g Butter • 1 Rezept Schokosoufflé-Masse (Seite 52)
mit Rum • 2 TL Orangenzeste

Ei, Dotter und Schlagobers mit dem Schneebesen verrühren. Kakao, Mehl und 1 EL Staubzucker darübersieben und locker unterheben. Die Milch unter stetem Rühren zugießen. Masse bedeckt bei Zimmertemperatur 30 Minuten anziehen lassen.

Den Boden einer Pfanne (15 cm Durchmesser) mit etwas Butter auspinseln und stark erhitzen. Den Pfannenboden mit einer dünnen Teigschicht bedecken. Teig 1 Minute backen, mit einer Palette wenden und 1 weitere Minute backen. Küchlein einzeln auf Backpapier auskühlen lassen. Mit dem restlichen Teig ebenso verfahren, Pfanne zwischendurch buttern.

Den Backofen auf 200 °C vorheizen, 4 Teller vorwärmen. Küchlein mit Soufflé-Masse füllen und locker zusammenklappen. Mit dem Backpapier sofort auf ein Blech heben und 3–5 Minuten backen. Mit restlichem Staubzucker und Orangenzeste bestreut unverzüglich servieren. Nach Wunsch etwas dünner zubereitete Kakaoglasur (Seite 50) zugießen.

Brownies à la Margot

Das Spiel der Aromen und Texturen ist unvergleichlich. Die Brownies stehen nur deshalb noch nicht auf dem Suchtmittelindex, weil ich das Rezept hier erstmals verrate.

250 g Butter • 500 g heller Vollrohrzucker • 100 g Kakao • 4 Eier • 100 g Mehl • 1 TL Backpulver • 1 zarte Prise Zimt • 100 g gehackte, zart geröstete Walnüsse • 1 EL extrastark gekochter Espresso nach Belieben

Den Backofen auf 180 °C vorheizen. Eine viereckige Backform (ca. 24 x 24 cm) mit Backpapier auslegen. Butter mit Zucker und Kakao bei milder Hitze unter Rühren schmelzen. Leicht abkühlen lassen. Eier einzeln kräftig einrühren. Mehl, Backpulver und Zimt über die Mischung sieben, mit den Walnüssen (und Espresso) in die Masse heben. Teig gleichmäßig in die Form streichen und 45 Minuten backen. Nach 30 Minuten die Oberfläche kontrollieren. Sollte sie zu rasch dunkel werden, Backpapier darüberlegen. In der Form abkühlen lassen, danach in Stücke schneiden und glasieren mit:

Karamell mit Meersalz

Sehr reizvoll als Glasur oder Sauce zu Früchten und Desserts. Überwältigend einige Tupfer zu Käse, gebratenem Gemüse, Wildschinken, Hummer, Garnelen und Sepia. Dicker eingekocht als feine Bonbons. Die Masse wird beim Abkühlen fester.

200 g Zucker • 100 g Butter • 100 ml Crème double • 2 TL Kakao • 1–2 TL Meersalzflocken • Chilifäden nach Belieben

Zucker bei Mittelhitze unter stetem Rühren zu einer bernsteinfarbenen Flüssigkeit schmelzen. Butter einrühren (Vorsicht – spritzt ein wenig) und 2 Minuten weiterrühren. Crème double in dünnem Strahl unter Rühren zugießen und 1–2 Minuten unter Rühren sanft kochen. Kakao einrühren. Etwas abkühlen lassen. Brownies mit der Masse überziehen und mit den Meersalzflocken sowie Chili bestreuen.

Gekühlt etwa 2 Wochen haltbar.

Saftiger Kakaokuchen

Mit seinem saftigen Körper und der robusten Glasur übersteht der Kuchen viele Stunden auf dem Buffet oder der Picknickdecke.

6 Eier • 370 g weiche Butter • 300 g Feinkristallzucker • 1 zarte Prise Salz • 300 g Mehl • 50 g Kakao • 1 TL Natron • 250 ml Sauerrahm • 120 g Staubzucker • 1 EL Rum oder Cognac • Vanille • 370 g Kakaobutter oder Kokosfett

Den Backofen auf 175 °C vorheizen. Ein tiefes Backblech mit Backpapier auslegen.

Eier trennen. Dotter, Butter, Zucker und Salz sehr schaumig rühren. Mehl, Kakao und Natron mischen, abwechselnd mit dem Rahm unter die Dottermasse heben. Masse auf dem Blech 25–30 Minuten backen.

Eiklar halbfest schlagen. Nach und nach mit Staubzucker, Rum und Vanille zu festem Schnee schlagen. Lauwarme Kakaobutter in kleinen Portionen einarbeiten. Auf den abgekühlten Kuchen streichen. Über Nacht kühlen.

Sehr fein dazu: Weichselkompott. Ein wenig vom Saft kann die Glasur rosa färben.

Allerluftigste Kakaonockerl

Flaumig und zartschmelzend. Einfach so zu genießen oder mit Fruchtmark sowie Cremes und als Füllung für Pralinen.

Die Glasur des saftigen Kakaokuchens (Seite 55) mit Orangenschale oder Espresso aromatisieren. Aus der gut gekühlten Masse mit 2 Löffeln kleine Nockerl abstechen und mit Kakao bestreut servieren.

Klassische Rumtrüffeln

Der Klassiker, der ganze Familien spaltete, und zwar in die Fraktion, die das Knistern von Kristallzucker in der zarten Masse schätzte, und deren erbitterte Gegner. Hier die glatte Version.

125 g Staubzucker • 65 g Kakao • 35 g (Kakao-)Butter • 3 EL Rum • Vanillemark • Orangenschale nach Belieben • Kakao zum Wälzen

Alle Zutaten gut verrühren und 1 Stunde kühlen. Aus der Masse kleine Kugeln formen, in Kakao wälzen und in Konfektmanschetten setzen.

Bananenkuchen

10 g Kakao • 1 Prise Zimt • 185 g weiche Butter • 150 g Staubzucker • 3 Eier • 3 Bananen • 4 EL Milch • 150 g Mehl • 1 TL Backpulver • 45 g gemahlene Hasel- oder Walnüsse • 1 Rezept Kakaoglasur (Seite 50), mit Orangenlikör zubereitet

Kakao mit Zimt, 30 g Butter und 1 EL Zucker verkneten, zu ½ cm dünnen Röllchen formen und 20 Minuten tiefkühlen; danach in dünne Scheibchen schneiden. Backofen auf 180 °C vorheizen. Springform mit 26 cm Durchmesser mit 5 g Butter fetten. Restliche Butter mit restlichem Zucker schaumig schlagen. Eier einrühren. Bananen mit Milch pürieren. Mehl, Backpulver und Nüsse mischen, in die Buttermasse rühren. Bananenpüree hinzufügen, danach Kakaoscheibchen flott unterheben. Masse in der Form 40–45 Minuten backen. In der Form abkühlen lassen. Glasieren.

Kakaokos oder Kakaoandeln

Luftig leichter Klassiker mit Kokos oder Mandeln.

3 Eiklar • 200 g Feinkristallzucker • Vanillemark •
30 g Kakao • 150 g möglichst frischer Kokosraspel oder gemahlene Mandeln • Orangenzeste

Den Backofen auf 150 °C vorheizen. Ein Backblech mit Backpapier auslegen.

Eiklar sehr steif schlagen. Zucker esslöffelweise einschlagen. Vanille und Kakao einrühren. Kokos oder Mandeln sanft unterheben. Mit 2 Teelöffeln kleine Häufchen aus der Masse auf das Blech setzen. Etwa 25 Minuten backen. Nach dem Abkühlen nach Wunsch mit Kakaoglasur (Seite 50) bestreichen. Mit Orangenzeste bestreuen.

MARGOT FISCHER

Die Anglistin und Ernährungswissenschaftlerin arbeitete viele Jahre in der Forschung am Wiener Allgemeinen Krankenhaus. Neben wissenschaftlichen Publikationen und Artikeln zu Ernährungsthemen veröffentlichte sie *Wilde Genüsse – Enzyklopädie und Kochbuch essbarer Wildpflanzen* sowie mehrere Kochbücher, die kulturhistorischen Hintergrund ebenso bieten wie zahlreiche von ihr selbst entwickelte Rezepte.
www.margot-fischer.net

GLOSSAR

Annatto (Achiote)	Samen des gleichnamigen Baumes, blumig-minziges Aroma mit pfeffrig-erdigen Noten
Bouteille	Flasche mit 750 ml Inhalt
Chipotle	geräucherter Jalapeño (Chili)
Cocoa/Kakao Nibs	geschälte Kakaobohnen, meist grob gemahlen
Dotter	Eigelb
Eiklar	Eiweiß
Feinkristallzucker	feiner Haushaltszucker
Fleischglace	stark eingekochte Sauce aus Knochen, Fleisch, Wurzelgemüse und Kräutern
Grué de Cacao	Kakaobohnenschalen, meist grob gemahlen
Kristallzucker	Haushaltszucker
Marille	Aprikose
Marmelade	Konfitüre
Obers	Sahne
Pimentón	geräuchertes Paprikapulver
Ringlotte	Reneklode, Reineclaude
Rote Rübe	Rote Bete, Rone
Rosa Beeren	auch (fälschlich) rosa Pfeffer genannt
Sauerrahm	saure Sahne
Schlagobers	Schlagsahne
Staubzucker	Puderzucker
Tomatillo	*Physalis philadelphica*, Verwandte der Kapstachelbeere
Weichsel	Sauerkirsche
Zeste	in feinsten Streifen abgehobelte Schale
Zwetschke	kleine aromatische Pflaumensorte

LITERATUR

Die umfangreiche Fachliteratur würde den Rahmen dieses Buches sprengen. Weiterführende Literatur finden Sie daher auf www.margot-fischer.net

REZEPTVERZEICHNIS